中国工程建设标准化协会标准

道路灌注式半柔性路面技术规程

Technical Specifications for Road Poured Semi-Flexible Pavement

T/CECS G：D51-01—2019

主编单位：北京新桥技术发展有限公司
批准部门：中国工程建设标准化协会
实施日期：2019 年 11 月 01 日

人民交通出版社股份有限公司

图书在版编目(CIP)数据

道路灌注式半柔性路面技术规程：T/CECS G：D51-01—2019 / 北京新桥技术发展有限公司主编. —北京：人民交通出版社股份有限公司, 2019.8
ISBN 978-7-114-15746-2

Ⅰ. ①道… Ⅱ. ①北… Ⅲ. ①道路工程—灌注桩—半柔性路面—路面施工—技术规范—中国 Ⅳ. ①U416.221-65

中国版本图书馆 CIP 数据核字(2019)第 155382 号

标准类型：	中国工程建设标准化协会标准
标准名称：	道路灌注式半柔性路面技术规程
标准编号：	T/CECS G：D51-01—2019
主编单位：	北京新桥技术发展有限公司
责任编辑：	周佳楠　李　沛
责任校对：	刘　芹
责任印制：	张　凯
出版发行：	人民交通出版社股份有限公司
地　　址：	(100011)北京市朝阳区安定门外外馆斜街 3 号
网　　址：	http://www.ccpress.com.cn
销售电话：	(010)59757973
总 经 销：	人民交通出版社股份有限公司发行部
经　　销：	各地新华书店
印　　刷：	北京鑫正大印刷有限公司
开　　本：	880×1230　1/16
印　　张：	2.75
字　　数：	61 千
版　　次：	2019 年 8 月　第 1 版
印　　次：	2019 年 8 月　第 1 次印刷
书　　号：	ISBN 978-7-114-15746-2
定　　价：	35.00 元

(有印刷、装订质量问题的图书,由本公司负责调换)

中国工程建设标准化协会
公告

第 449 号

关于发布《道路灌注式半柔性路面技术规程》的公告

根据中国工程建设标准化协会《关于印发〈2016年第二批工程建设协会标准制订、修订计划〉的通知》(建标协字〔2016〕084号)的要求,由北京新桥技术发展有限公司等单位编制的《道路灌注式半柔性路面技术规程》,经本协会公路分会组织审查,现批准发布,编号为 T/CECS G:D51-01—2019,自2019年11月1日起施行。

二〇一九年六月二十六日

前　言

根据中国工程建设标准化协会《关于印发〈2016年第二批工程建设协会标准制订、修订计划〉的通知》(建标协字〔2016〕084号)的要求，由北京新桥技术发展有限公司承担《道路灌注式半柔性路面技术规程》(以下简称"本规程")的制定工作。

编制组在全面总结国内外近年来道路灌注式半柔性路面工程经验和科技成果的基础上，经过广泛调查研究，充分吸收国内外相关标准规范的先进技术方法和建设经验，并广泛征集行业内外的意见和建议，完成本规程的编写工作。

本规程分为7章、4篇附录，主要内容包括：1 总则，2 术语和符号，3 基本规定，4 材料，5 配合比设计，6 施工，7 施工质量管理与检查验收，附录A 沥青混合料连通空隙率试验方法，附录B 灌浆料室内拌制方法，附录C 灌注式半柔性路面材料试件制作方法，附录D 灌注式半柔性路面材料灌注率试验方法。

本规程是基于通用的工程建设理论及原则编制，适用于本规程提出的应用条件。对于某些特定专项应用条件，使用本规程相关条文时，应对适用性及有效性进行验证。

本规程由中国工程建设标准化协会公路分会负责归口管理，由北京新桥技术发展有限公司负责具体技术内容的解释，在执行过程中如有意见或建议，请函告本规程日常管理组，中国工程建设标准化协会公路分会(地址：北京市海淀区西土城路8号；邮编：100088；电话：010-62079839；传真：010-62079983；电子邮箱：shc@rioh.cn)，或路凯冀(地址：北京市海淀区西土城路8号；邮编：100088；电子邮箱：kj.lu@rioh.cn)，以便修订时研用。

主 编 单 位：北京新桥技术发展有限公司
参 编 单 位：交通运输部公路科学研究院
　　　　　　　河南省三门峡至淅川高速公路项目有限公司
　　　　　　　承德市公路工程质量安全监督处
　　　　　　　北京路新大成景观建筑工程有限公司
　　　　　　　重庆交通大学
　　　　　　　丰宁满族自治县交通运输局

主　　　　编：路凯冀
主要参编人员：李明杰　明　磊　曹朋辉　陈　雷　凌天清　赵之杰
　　　　　　　林　忠　米轶轩　宋常玉　杨光亚　张国庆　王　志

徐开宇　刘兆磊　张　阳　郑智能　王雪梅　孙喜书
谢立军　付守旺

主　　　审：刘怡林
参与审查人员：柳　浩　李春风　薛忠军　裴建中　马士杰　李闯民
　　　　　　　　郭朝阳　侯　芸　吴传海　牛思胜　董雨明　王庆凯

目　　次

1 总则 …………………………………………………………………………………… 1
2 术语和符号 …………………………………………………………………………… 2
　2.1 术语 ……………………………………………………………………………… 2
　2.2 符号 ……………………………………………………………………………… 2
3 基本规定 ……………………………………………………………………………… 4
4 材料 …………………………………………………………………………………… 6
　4.1 基体沥青混合料 ………………………………………………………………… 6
　4.2 灌浆料 …………………………………………………………………………… 6
5 配合比设计 …………………………………………………………………………… 9
　5.1 基体沥青混合料 ………………………………………………………………… 9
　5.2 灌浆料 …………………………………………………………………………… 13
　5.3 灌注式半柔性路面材料 ………………………………………………………… 15
6 施工 …………………………………………………………………………………… 16
　6.1 一般规定 ………………………………………………………………………… 16
　6.2 试验段铺筑 ……………………………………………………………………… 16
　6.3 基体沥青混合料施工 …………………………………………………………… 17
　6.4 灌浆料施工 ……………………………………………………………………… 18
　6.5 养护及开放交通 ………………………………………………………………… 22
7 施工质量管理与检查验收 …………………………………………………………… 23
　7.1 施工前的材料与设备检查 ……………………………………………………… 23
　7.2 施工过程中质量管理与检查 …………………………………………………… 25
　7.3 交工验收阶段的工程质量检查与验收 ………………………………………… 27
附录 A 沥青混合料连通空隙率试验方法 …………………………………………… 29
附录 B 灌浆料室内拌制方法 ………………………………………………………… 31
附录 C 灌注式半柔性路面材料试件制作方法 ……………………………………… 33
附录 D 灌注式半柔性路面材料灌注率试验方法 …………………………………… 34
本规程用词用语说明 …………………………………………………………………… 36

1 总则

1.0.1 为规范道路灌注式半柔性路面的设计、施工与验收,提高灌注式半柔性路面工程质量,制定本规程。

1.0.2 本规程适用于各等级公路和城市道路的新建、改扩建工程及养护工程的灌注式半柔性路面。

1.0.3 灌注式半柔性路面施工应遵守国家安全生产、环保等相关法律法规。

1.0.4 灌注式半柔性路面的设计、施工和验收除应符合本规程的规定外,尚应符合国家和行业现行有关标准的规定。

2 术语和符号

2.1 术语

2.1.1 灌浆料　grouting material
由水与水泥、粉煤灰、矿粉、砂、外加剂等按一定比例配制而成,用于灌注的材料。

2.1.2 基体沥青混合料　matrix asphalt mixture
用于灌入灌浆料的大空隙沥青混合料,其空隙率一般为20%~30%。

2.1.3 灌注式半柔性路面材料　poured semi-flexible pavement material
在基体沥青混合料中,灌入灌浆料而形成的路面材料。

2.1.4 聚合物改性灌浆料　polymer modified grouting material
掺加聚合物改性剂的灌浆料,其与基体沥青混合料的变形协调性得以改善。

2.1.5 聚灰比　polymer-cement ratio
聚合物改性灌浆料中,聚合物改性剂的质量(以固体份计)与水泥的质量比。

2.1.6 连通空隙率　connected air voids
沥青混合料中相互连通并与外部空气连通的空隙,其体积与全部混合料体积的百分比。

2.1.7 灌注率　perfusion ratio
灌入基体沥青混合料中灌浆料的体积占基体沥青混合料连通空隙体积的百分率。

2.2 符号

P_r——灌注率;
SFP——灌注式半柔性路面材料;
SFAC——灌注式半柔性路面基体沥青混合料;

V_m——混合料和封闭空隙的体积；

VV_c——连通空隙率；

ρ_g——灌浆料的密度。

3 基本规定

3.0.1 灌注式半柔性路面适用于各等级公路的长大纵坡路段、平交道口、服务区、收费站及城市道路的公交专用车道、公交港湾、平交道口等抗车辙性能要求较高的工程。

条文说明

灌注式半柔性路面由沥青混合料和水泥基灌浆料组成,兼具两种材料的特点,适用于对抗车辙性能要求较高的工程。另外,灌注式半柔性路面具有优良的耐火性和较好的视觉效果,因此,在国外也将其用于隧道路面。

3.0.2 灌注式半柔性路面的路面结构组合设计应符合下列规定:
1 公路工程应按现行《公路沥青路面设计规范》(JTG D50)的相关规定执行。
2 城市道路工程应按现行《城镇道路路面设计规范》(CJJ 169)的相关规定执行。
3 有典型沥青路面结构的地区,可用灌注式半柔性路面材料等厚度取代典型路面结构的一层或两层沥青层。

条文说明

目前国内外灌注式半柔性路面的应用,均是采用灌注式半柔性路面材料等厚度替换原路面结构中沥青层的方法。

3.0.3 灌注式半柔性路面材料适用层位及厚度应符合下列规定:
1 可用于三层面层结构的上、中面层和双层面层结构的上、下面层。
2 不同公称粒径的灌注式半柔性路面材料适用层位可按表3.0.3选用。
3 最小厚度应不小于基体沥青混合料公称最大粒径的2.0倍。最大厚度宜不超过表3.0.3的要求;当超过此要求时,应经过必要的验证。

表3.0.3 灌注式半柔性路面材料适用层位及最大厚度

路面材料类型	SFP-13、SFP-16	SFP-20、SFP-25
适用层位	上面层	中、下面层
最大厚度(mm)	50	100

注:SFP-20也可用于货车较多的二级及二级以下公路的上面层。

条文说明

灌注式半柔性路面材料层的最大厚度与灌浆料在基体沥青混合料的最大渗透深度相关。日本规定Ⅰ型半柔性路面材料(公称最大粒径为13.2mm或16mm)的最大厚度为50mm,Ⅱ型半柔性路面材料(公称最大粒径为19mm)的最大厚度为100mm。国内外研究结果表明,SFP-13、SFP-16渗透深度一般为50~60mm,SFP-20、SFP-25渗透深度一般为100~110mm。

3.0.4 下承层为密级配沥青混凝土时可设置黏层,其他情况应设置碎石封层。黏层、碎石封层的设置应符合现行《公路沥青路面施工技术规范》(JTG F40)的相关规定。

条文说明

设置黏层或碎石封层除有增加层间黏结的作用,更重要的是能够防止灌浆料渗透到下承层。

3.0.5 本规程中,城市快速路、主干路应与高速公路、一级公路的相关技术要求一致,其他等级城市道路应与其他等级公路一致。

4 材料

4.1 基体沥青混合料

4.1.1 沥青应采用道路石油沥青或改性沥青,其技术要求应符合现行《公路沥青路面施工技术规范》(JTG F40)的相关规定。对于交通荷载等级为重交通以上和基体沥青路面施工后有临时通车要求的路段,宜采用改性沥青。

条文说明

基体沥青混合料所用改性沥青一般包括SBS改性沥青、SBR改性沥青、橡胶沥青及高黏度改性沥青。根据《公路沥青路面设计规范》(JTG D50—2017),交通荷载等级为重交通以上指的是极重、特重等级;根据《城镇道路路面设计规范》(CJJ 169—2012),交通荷载等级为重交通以上指的是特重等级。

4.1.2 粗集料宜采用轧制碎石,其规格及技术要求应符合现行《公路沥青路面施工技术规范》(JTG F40)的相关规定。

4.1.3 细集料宜采用石灰岩等碱性岩石生产,其规格宜分为0~3mm、3~5mm两档。高速公路、一级公路应采用机制砂,其他等级公路可采用石屑,其规格及技术要求应符合现行《公路沥青路面施工技术规范》(JTG F40)的相关规定。

4.1.4 填料宜采用石灰岩矿粉,其技术要求应符合现行《公路沥青路面施工技术规范》(JTG F40)的相关规定。

4.2 灌浆料

4.2.1 水泥宜选用硅酸盐水泥或普通硅酸盐水泥,强度等级宜为42.5级,其技术要求应符合现行《通用硅酸盐水泥》(GB 175)的相关规定。用于彩色路面时宜选用白色硅酸盐水泥,其技术要求应符合现行《白色硅酸盐水泥》(GB/T 2015)的相关规定。需及早开放交通时,宜选用硫铝酸盐水泥,其技术要求应符合现行《硫铝酸盐水泥》(GB 20472)的相关规定。

4.2.2 粉煤灰宜选用Ⅱ级及Ⅱ级以上粉煤灰,其技术要求应符合现行《用于水泥和混凝土中的粉煤灰》(GB/T 1596)的相关规定。

4.2.3 矿粉宜采用石料磨细生产,其技术要求应符合表4.2.3的规定。

表4.2.3 矿粉技术要求

技术指标		单位	技术要求	试验方法
表观密度		t/m³	≥2.45	T 0352
粒度范围	<0.6mm	%	100	T 0351
	<0.15mm	%	90~100	
	<0.075mm	%	70~100	
塑性指数		—	<4	T 0354

条文说明

与基体沥青混合料所用矿粉相比,灌浆料所用矿粉主要起填料作用,因此对其石质、含水率和亲水系数没有要求。

4.2.4 外加剂包括减水剂、早强剂及膨胀剂等,减水剂及早强剂应符合现行《混凝土外加剂》(GB 8076)的相关规定,膨胀剂应符合现行《混凝土膨胀剂》(GB 23439)的相关规定。

4.2.5 砂宜选用洁净的河砂,颗粒级配应符合表4.2.5的规定,其他技术要求应符合现行《建设用砂》(GB/T 14684)的相关规定。

表4.2.5 砂颗粒级配技术要求

筛孔尺寸(mm)	筛孔通过率(%)	试验方法
1.18	100	T 0327
0.6	≥95	
0.075	≤2	

条文说明

砂的颗粒级配对灌浆料的灌注效果有较大影响,级配偏粗,灌浆料由于砂粒堵塞孔隙导致灌注率降低。参考美国标准并结合国内外工程经验,本规程提出了砂的通过率要求。

4.2.6 水应符合现行《混凝土用水标准》(JGJ 63)的相关规定。

4.2.7 聚合物改性剂宜选用羧基丁苯胶乳,其技术要求应符合现行《羧基丁苯胶乳》(SH/T 1609)的相关规定。

4.2.8 着色剂宜选用无机类着色剂,其技术要求应符合现行《彩色沥青混凝土》(GB/T 32984)的相关规定。

条文说明

在选择着色剂时,除了根据色调、饱和度、明度来选择外,还要考虑其着色力、遮盖力、耐候性、耐磨性以及与添加剂的相互作用等。着色剂包括无机类着色剂和有机类着色剂,其中无机类着色剂在耐热性、耐晒性和遮盖力方面要比有机类好。

5 配合比设计

5.1 基体沥青混合料

5.1.1 基体沥青混合料应在对大空隙沥青混合料配合比设计和使用情况调查研究的基础上,结合当地已有的工程经验,选用符合要求的材料,进行配合比设计。

5.1.2 基体沥青混合料可采用马歇尔设计方法进行配合比设计,其技术要求应符合表5.1.2的规定。

表5.1.2 基体沥青混合料技术要求

技术指标	单 位	技 术 要 求		试验方法
		改性沥青	普通沥青	
马歇尔试件尺寸	mm	$\phi 101.6 \times 63.5$		T 0702
击实次数(两面)	次	50		T 0702
空隙率	%	20~30	20~25	T 0708
	%	18~28	18~23	T 0707 中的真空密封法
连通空隙率	%	≥16.0		本规程附录A
马歇尔稳定度	kN	≥3.0		T 0709
析漏损失	%	≤0.8		T 0732
飞散损失	%	≤15	≤20	T 0733

注:空隙率可选用真空密封法、体积法之一测定。

条文说明

基体沥青混合料技术要求是参照国内外相关标准并结合近年来的工程实践经验提出的。

关于空隙率指标,考虑灌注式半柔性路面整体性能与基体沥青混合料空隙率的相关性较大,配合比设计中空隙率的选择要根据气候、交通条件进行确定。采用普通沥青时基体沥青混合料飞散损失较大,因此降低了普通沥青基体沥青混合料空隙率上限。沥青混合料的空隙分为闭合空隙和连通空隙,灌浆料只能灌入基体沥青混合料的连通空隙,其更能反映基体沥青混合料的级配特征,因此本规程规定了空隙率指标,同时结合工程实践,规定了其技术要求。

关于马歇尔稳定度与流值,《公路沥青路面施工技术规范》(JTG F40—2004)、《半柔性混合料用水泥基灌浆材料》(JT/T 1238—2019)均规定马歇尔稳定度不小于3.5kN,《专用砂浆半柔性路面应用技术规范》(DB44/T 1296—2014)规定不小于2.5kN,重庆交通大学《半柔性路面应用技术指南》(2009年)规定不小于3.0kN,《透水沥青路面技术规程》(CJJ/T 190—2012)规定不小于5.0kN。国内外相关研究结果表明,基体沥青混合料的马歇尔稳定度基本在3.0~6.0kN,故本规程规定基体沥青混合料的马歇尔稳定度不小于3.0kN。由于基体沥青混合料流值指标变异大,且其与基体沥青混合料的性能相关性不大,故本规程对其流值未做要求。

关于析漏损失,《公路沥青路面施工技术规范》(JTG F40—2004)及《透水沥青路面技术规程》(CJJ/T 190—2012)均规定排水沥青混合料析漏损失小于0.3%。根据日本经验以及国内工程实践,本规程将基体沥青混合料的析漏损失指标技术要求定为不大于0.8%。

飞散损失是排水沥青路面的重要性能指标之一,通常以其保证必要的结合料用量。本规程中该指标的提出主要是考虑基体沥青混合料路面有临时通车的要求。日本及欧美国家一般规定飞散损失的技术要求应不大于20%(25℃)。我国《公路沥青路面施工技术规范》(JTG F40—2004)中规定,排水沥青混合料飞散损失指标要求小于20%,《透水沥青路面技术规程》(CJJ/T 190—2012)规定小于15%。国内外相关研究结果及工程实践表明,普通沥青基体沥青混合料飞散损失基本不超过20%,改性沥青基体沥青混合料不超过15%。

考虑基体沥青混合料路面不最终承担交通荷载,故本规程对其动稳定度未做要求。

5.1.3 基体沥青混合料的工程设计级配范围宜根据道路等级、气候、交通条件在表5.1.3规定的范围内选择。

表5.1.3 基体沥青混合料矿料级配范围

基体沥青混合料类型	通过下列筛孔(mm)的质量百分率(%)									
	31.5	26.5	19	16	13.2	4.75	2.36	0.6	0.3	0.15	0.075
SFAC-13				100	90~100	10~30	5~22	4~15	3~12	3~8	1~6
SFAC-16			100	90~100	80~90	9~28	5~22	4~15	3~12	3~8	1~6
SFAC-20		100	90~100	60~90	30~60	7~24	5~20	4~12	3~12	3~8	1~6
SFAC-25	100	90~100	70~90	50~80	25~55	7~22	5~20	4~15	3~12	3~8	1~6

条文说明

本规程参照国内外的研究成果并结合工程实践,确定了基体沥青混合料的级配范围。我国基体沥青混合料级配较排水路面沥青混合料偏粗,日本和美国的情况与我国相同。表5-1、表5-2列举了两个灌注式半柔性路面规范推荐的级配范围,以供参考。

表 5-1　广东地方标准《专用砂浆半柔性路面应用技术规范》(DB44/T 1296—2014)推荐的级配范围

级配类型	通过下列筛孔(mm)的质量百分率(%)										
	26.5	19	16	13.2	9.5	4.75	2.36	1.18	0.6	0.3	0.15	0.075
Ⅰ型			100	95~100	4~20	4~12	4~10					3~5
Ⅱ型	100	95~100		4~18	4~14	4~12	4~10					3~5

表 5-2　重庆交通大学《半柔性路面应用技术指南》(2009年)推荐的级配范围

级配类型	通过下列筛孔(mm)的质量百分率(%)										
	26.5	19	16	13.2	9.5	4.75	2.36	1.18	0.6	0.3	0.15	0.075
Ⅰ型		100		93~100		10~35	5~22		4~15	3~12		1~6
Ⅱ型	100	93~100		35~70		7~30	5~20		4~15	3~12		1~6

表 5-3、表 5-4 列举了日本和美国半柔性路面推荐的级配范围,以供参考。

表 5-3　日本推荐的半柔性路面级配范围

级配类型	通过下列筛孔(mm)的质量百分率(%)										
	26.5	19	16	13.2	9.5	4.75	2.36	1.18	0.6	0.3	0.15	0.075
Ⅰ型		100		93~100		14~32	9~22		6~14	5~12	4~8	2~6
Ⅱ型	100	93~100		40~70		12~30	7~20		6~14	5~12	4~8	2~6

表 5-4　美国推荐的半柔性路面级配范围

级配类型	通过下列筛孔(mm)的质量百分率(%)										
	19	16	12.5	9.5	4.75	2.36	1.18	0.6	0.3	0.15	0.075
Ⅰ型	100		54~76	38~60	10~20	8~16		4~10			1~3
Ⅱ型	90~100			20~50	0~10						0~5
Ⅲ型				100	20~75	0~10					0~5

5.1.4　基体沥青混合料的配合比设计应通过目标配合比设计、生产配合比设计及生产配合比验证三个阶段,确定基体沥青混合料的材料品种、配合比与矿料级配、最佳沥青用量。

5.1.5　基体沥青混合料的目标配合比设计除应按图 5.1.5 及下列步骤进行外,尚应符合现行《公路沥青路面施工技术规范》(JTG F40)热拌沥青混合料配合比设计方法的相关规定。

1　在确定的工程设计级配范围内,试配 3 组不同 2.36mm(或 4.75mm)筛孔通过率的矿料级配作为初选级配,分别位于工程设计级配范围的上方、中值及下方。

2　对中级配按式(5.1.5-1)计算集料的表面积。根据期望的沥青膜厚度,按式(5.1.5-2)计算混合料的初试沥青用量 P_b。通常情况下,基体沥青混合料的沥青膜厚度 h 宜为 $10\mu m$。

$$A = \frac{2 + 0.02a + 0.04b + 0.08c + 0.14d + 0.3e + 0.6f + 1.6g}{48.74} \quad (5.1.5\text{-}1)$$

$$P_b = hA \quad (5.1.5\text{-}2)$$

式中： A——集料的总表面积；

h——沥青膜厚度；

a、b、c、d、e、f、g——4.75mm、2.36mm、1.18mm、0.6mm、0.3mm、0.15mm、0.075mm 筛孔的通过百分率(%)。

3 制作马歇尔试件,测定试件的空隙率,绘制2.36mm(或4.75mm)筛孔通过率与空隙率的关系曲线,根据期望的空隙率确定混合料的矿料级配。

4 以确定的矿料级配再次按式(5.1.5-1)及式(5.1.5-2)计算初试沥青用量,分别进行马歇尔试验、谢伦堡析漏试验、肯塔堡飞散试验,各项指标应符合本规程表5.1.2的技术要求,其空隙率与期望空隙率的差值不宜超过±1%。如不符合要求,应重新调整沥青用量拌和沥青混合料进行试验,直至符合要求为止。

5 如各项指标均符合要求,即配合比设计完成。

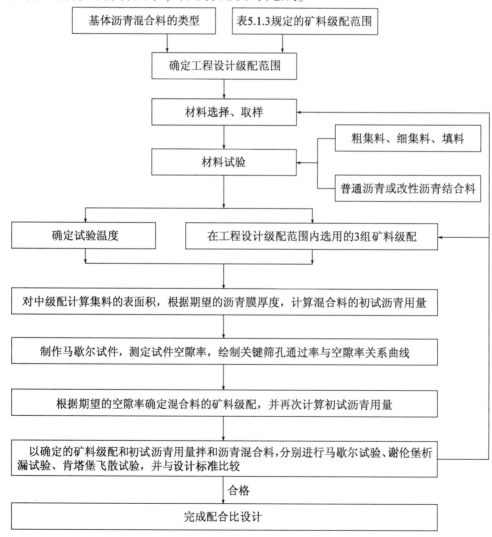

图 5.1.5 基体沥青混合料目标配合比设计流程图

条文说明

基体沥青混合料配合比设计以满足空隙率的要求为标准,期望的目标空隙率主要是通过调整级配的关键筛孔通过率获得,通常以关键筛孔通过率的中值和其±3%暂定三种初选级配。SFAC-13和SFAC-16通常以2.36mm为关键筛孔,SFAC-20和SFAC-25通常以4.75mm为关键筛孔。

《公路沥青路面施工技术规范》(JTG F40—2004)规定排水沥青混合料的沥青膜厚度为14μm。与排水沥青混合料不同,基体沥青混合料仅为灌注式半柔性路面材料的过渡结构形式,不直接承受未来的交通荷载,其沥青用量可低于排水路面。根据国内外研究成果及工程实践,本规程规定基体沥青混合料的沥青膜厚度为10μm。

5.1.6 基体沥青混合料生产配合比及验证等应按现行《公路沥青路面施工技术规范》(JTG F40)执行。

5.2 灌浆料

5.2.1 灌浆料技术指标应满足表5.2.1的要求。

表5.2.1 灌浆料技术要求

技术指标		单位	技术要求	试验方法
外观		—	无明显离析、分层等现象	目测
流动度	初始	s	10~14	T 0508
	30min		≤18	
凝结时间	初凝	h	不小于灌浆料施工所需时间	T 0592
干缩率	7d	%	≤0.3	T 0511
自由泌水率	3h	%	≤3	T 0518
强度	抗压 7d	MPa	≥15	T 0506
	抗折 7d	MPa	≥2	

注:灌浆料施工所需时间是指从灌浆料加水拌和开始至灌浆料施工完成的时间。

条文说明

目前国内外灌浆材料的流动性能测试方法主要有截锥流动度法和流锥流动度法两种,分别适用于高黏度和低黏度的灌浆材料。灌注式半柔性路面施工所用灌浆料一般为低黏度的灌浆材料,因此本规程采用流锥流动度法对其流动性进行检测。日本道路公团《半柔性面层施工要领》推荐的流动度为9~13s,《半柔性混合料用水泥基灌浆材料》(JT/T 1238—2019)和重庆交通大学《半柔性路面应用技术指南》(2009年)规定的流动度为10~14s。考虑灌浆料在灌浆过程中及灌浆后还需保持一定的流动性以充分填充基体沥青混合料空隙,本规程规定了30min的流动度指标。参照国内外相关标准并结合相关研究成果,本规程将灌浆料的初始流动度规定为10~14s,30min流动度规定为不大于18s。

灌浆料硬化过程中的收缩可能使灌浆料与基体沥青混合料的界面出现开裂，因此需对其干缩率进行限制。常见干缩率的检测龄期为28d和60d。为缩短灌浆料的检测周期，根据灌浆料的干缩发展规律，本规程规定了灌浆料7d龄期的干缩率指标。国内外研究结果表明，灌浆料的7d干缩率约为60d的60%，一般规定灌浆料的60d干缩率≤0.5%，因此本规程规定7d干缩率≤0.3%。

灌浆料出现泌水问题会影响其强度均匀性，因此本规程规定了3h自由泌水率指标对其加以控制。国内外研究结果显示，3h自由泌水率≤3%的灌浆料占80%以上，因此本规程规定3h自由泌水率≤3%。

灌浆料的强度是决定半柔性路面材料性能的重要因素。日本道路公团《半柔性面层施工要领》和《半柔性混合料用水泥基灌浆材料》(JT/T 1238—2019)对灌浆料7d抗压强度的要求分别为15~36MPa和15~30MPa，广东省地方标准《专用砂浆半柔性路面应用技术规范》(DB44/T 1296—2014)要求7d抗压强度不低于70MPa。参照国内外相关标准并结合相关研究成果，本规程提出了灌浆料7d的抗压、抗折强度要求，且对强度上限未作规定。

5.2.2 现场配制灌浆料的试配应符合下列规定：

1 灌浆料的水胶比宜为0.45~0.55；掺加粉煤灰时，用量按其占水泥质量的掺量内掺计算，掺量宜为10%~20%。

2 掺加矿粉和砂时，用量按其占水泥质量的掺量外掺计算，矿粉掺量宜为10%~20%，砂掺量宜为10%~30%。

3 试配时应采用3个不同的水胶比，其中1个水胶比宜为范围中值，其余2个水胶比应按中值分别增加及减少0.05。

4 应按照本规程附录B拌和灌浆料。

5 减水剂的用量应以使3个水胶比的流动度满足表5.2.1的要求确定。

6 3个水胶比的配合比应按表5.2.1规定的其他技术指标进行检测。

7 应选定符合表5.2.1规定、水胶比最大的配合比作为灌浆料的施工配合比。

8 根据需要可掺加早强剂、膨胀剂、聚合物改性剂、着色剂等，用量应根据施工需求确定，且掺加后灌浆料的各性能指标应仍符合表5.2.1的规定。

条文说明

掺加粉煤灰、矿粉和砂，既可降低灌浆料干缩率，又能降低灌浆料成本。根据国内外研究成果及工程实践经验，本规程提出了各材料的最佳掺量范围。掺加聚合物改性剂能够解决灌浆料与基体沥青混合料的变形不协调问题，聚合物改性灌浆料的聚灰比一般为10%。

5.2.3 成品灌浆料的试配应符合下列规定：

1 试配时应采用3个不同的水料比，其中1个水料比应为产品规定的水料比中值，其余 2 个水料比应按中值分别增加及减少 0.05。当超出产品规定的上下限时,水料比应取上下限。

2 应按照本规程附录 B 拌制灌浆料。

3 对 3 个水料比进行流动度检测,剔除不满足表 5.2.1 要求的水料比。3 个水料比均不满足要求时,应更换灌浆料。

4 对流动性满足要求的水料比应按表 5.2.1 规定的其他技术指标进行检测。

5 应选定符合表 5.2.1 规定的最大水料比作为灌浆料的施工配合比。

5.3 灌注式半柔性路面材料

5.3.1 灌注式半柔性路面材料应按本规程附录 C 制作试件,其技术要求应符合表 5.3.1 的规定。

表 5.3.1 灌注式半柔性路面材料的技术要求

技术指标	单位	技术要求	试验方法
灌注率	%	≥85	本规程附录 D
马歇尔稳定度	kN	≥15	T 0709
残留稳定度	%	≥90	T 0709
冻融劈裂残留强度比	%	≥80	T 0729
动稳定度(70℃、1.1MPa)	次/mm	≥4 000	T 0719、本规程附录 C

注:灌注率须养护 1d,其他指标须养护 7d。

条文说明

研究表明,灌注率对灌注式半柔性路面材料各指标均有较大影响。重庆交通大学《半柔性路面应用技术指南》(2009 年)和《专用砂浆半柔性路面应用技术规范》(DB44/T 1296—2014)均规定灌浆料灌注率为 90% 以上,《半柔性混合料用水泥基灌浆材料》(JT/T 1238—2019)规定灌浆料灌注率为 80% 以上。结合国内外研究成果,本规程规定灌注率不小于 85%。根据工程经验,灌浆料灌注率达到 85% 以上时,渗水系数已近乎 0,故本规程未规定渗水系数指标。

灌注式半柔性路面材料的动稳定度(60℃、0.7MPa)大多在 10 000 次/mm 以上,已超出车辙试验仪的精度限制,不能准确地评定其抗车辙性能。因此,本规程以温度 70℃、荷载 1.1MPa 下的动稳定度作为评定其抗车辙性能的技术指标。

6 施工

6.1 一般规定

6.1.1 灌注式半柔性路面不得在下列情况施工：
1 现场降雨、降雪或路面潮湿。
2 气温低于10℃的高速公路、一级公路、城市快速路、主干路和气温低于5℃的其他等级公路与城市道路。

6.1.2 灌注式半柔性路面施工前应对下承层进行全面检测，质量应满足相关规定。

6.1.3 施工前，应将下承层清扫干净，并洒（撒）布黏层或碎石封层，其施工工艺应符合现行《公路沥青路面施工技术规范》(JTG F40)的相关规定。

6.1.4 灌注式半柔性路面施工流程应按图6.1.4执行。

图6.1.4　灌注式半柔性路面施工流程

6.1.5 双层灌注式半柔性路面可采用基体沥青混合料两次摊铺分别碾压成型、灌浆料一次灌注的施工工艺。

条文说明
对于双层灌注式半柔性路面，若采用灌浆料两次灌入的施工工艺，第一层灌浆后表面形成的浮浆会导致两层灌注式半柔性路面材料之间黏结不良。

6.2 试验段铺筑

6.2.1 施工前应铺筑试验段，试验段的面积宜为2 000～3 000m²。

6.2.2 试验段施工应包括下列主要内容：

1 检验各种施工机械的类型、数量及组合方式是否匹配。

2 确定黏层或碎石封层的施工设备、施工方式、施工参数和效果。

3 确定基体沥青混合料拌和机的工艺流程、操作方法和质量控制方案。

4 验证基体沥青混合料生产配合比设计,提出生产用的标准配合比和最佳沥青用量,确定施工过程中保证基体沥青混合料质量稳定性的技术要求。

5 确定基体沥青混合料运输、摊铺、压实设备的配置、工艺流程、操作方法和质量控制方案,确定松铺系数等工艺标准。

6 确定灌浆料的拌和、运输、灌注、表面处理的工艺流程、操作方法和质量控制方案。

7 确定灌注式半柔性路面的养护方式及开放交通条件。

6.2.3 试验段检测项目与正常施工路段相同,检测频率应不少于正常施工路段的2倍。

6.2.4 试验段施工结束后,施工单位应就各项试验内容提出试验段施工质量检验评定报告、施工组织与施工技术总结、经试验段铺筑确认的基体沥青混合料的标准配合比与级配允许变异范围、灌浆料的配合比、施工机具配置与工艺流程、施工质量控制方法等。

6.3 基体沥青混合料施工

6.3.1 基体沥青混合料施工除应符合下列规定外,尚应符合现行《公路沥青路面施工技术规范》(JTG F40)的相关规定。

1 基体沥青混合料的拌和宜随拌随用,存储时间不应超过3h。

2 基体沥青混合料的摊铺应缓慢、均匀、连续不间断,速度宜控制在2~3m/min,弯道等特殊路段速度可降至1~2m/min。

3 基体沥青混合料的碾压宜选用11~13t的双钢轮压路机静压,碾压速度可按表6.3.1选用,压路机行驶速度应保持均匀稳定。

表6.3.1 压路机碾压速度(km/h)

压路机类型	初 压	复 压	终 压
静载钢轮压路机	2~3	3~5	3~6
钢轮振动压路机	2~3	3~5	3~6

4 压路机不得在未碾压成型的混合料和刚碾压成型的基体沥青混合料路面上转向、掉头、加水或停留。

条文说明

为确保基体沥青混合料空隙率,基体沥青混合料一般不采用胶轮压路机或大吨位的钢轮压路机,施工过程中不采用振动碾压,且严格控制碾压遍数。基体沥青混合料的空隙大、承载能力弱,压路机在碾压成型后基体沥青路面上转向、掉头、加水或停留对路面的损坏比普通沥青混合料更严重。

6.3.2 基体沥青路面成型后,宜在交通完全封闭的情况下冷却至50℃以下。

6.3.3 灌浆施工前,应严禁重车通行,通行车辆不得紧急制动或急转。同时应采取措施防止基体沥青混合料路面污染。

6.4 灌浆料施工

6.4.1 灌浆料施工应在基体沥青混合料路面温度低于50℃且为干燥状态时进行。

条文说明
基体沥青混合料路面温度较高时,灌浆料受其温度影响将有较大的流动性损失,进而影响灌浆料的灌注。基体沥青混合料有水时也会影响灌浆料的灌注。

6.4.2 灌浆施工前如遇降雨,应对基体沥青混合料进行防雨覆盖,并在降雨结束后采取适宜的措施将雨水排干。

6.4.3 灌浆料的用量应按式(6.4.3)计算。

$$Q = S\overline{H}\,\overline{VV_c}P_r(1+a)\frac{\rho_g}{1\,000} \tag{6.4.3}$$

式中:Q——灌浆料的使用数量(t);
S——灌注面积(m^2);
$\overline{H}$——路面厚度平均值(mm);
$\overline{VV_c}$——施工路段基体沥青混合料钻芯芯样连通空隙率的平均值(%);
P_r——配合比设计阶段的灌注率(%);
a——灌浆料损失率,宜为10.0%;
ρ_g——灌浆料的密度(t/m^3),按 T 0590 测定。

6.4.4 灌浆料施工可分为路拌法、厂拌法及稀浆封层机法。具体施工方法应根据现场施工规模、施工条件确定。

条文说明
路拌法一般适用于施工面积小、施工段落分散等情况。

6.4.5 路拌法的拌和应符合下列规定：

1 灌浆料的拌和可采用砂浆搅拌机或高速制浆机。砂浆搅拌机出料方量不宜低于 $0.5m^3$；高速制浆机出料方量不宜低于 $0.4m^3$，搅拌转速应不小于 $1\ 200r/min$。

2 灌浆料为现场配制时，拌和工艺流程应按图 6.4.5 执行。对于砂浆搅拌机，应先加入固体混合料拌和不少于 2min，再加入液体混合物拌和不少于 4min；对于高速制浆机，应先加入固体混合料拌和不少于 30s，再加入液体混合物拌和不少于 1min。当添加聚合物改性剂时，应将拌和时间延长 30s。

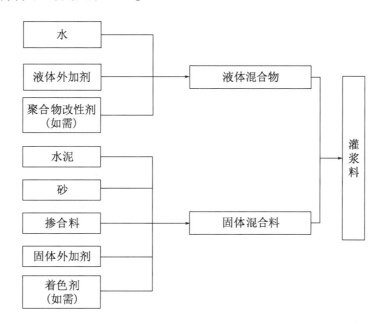

图 6.4.5 灌浆料拌和工艺流程图

3 灌浆料为成品灌浆材料配制时，对于砂浆搅拌机，应先加入成品灌浆材料，再加入 2/3 的用水量拌和不少于 3min，其后加入剩余水量拌和不少于 2min；对于高速制浆机，应先加入灌浆材料，再加入 2/3 的用水量拌和不少于 1min，其后加入剩余水量拌和不少于 30s。

6.4.6 路拌法的灌注应符合下列规定：

1 灌注前应对灌浆料进行流动度检测，满足本规程要求方可进行灌注施工，否则应及时分析原因，采取适当措施进行调整。

2 灌注时应尽可能将灌浆料接近基体沥青混合料表面直接倾倒。

3 采用橡胶刮板辅助将浆料反复在混合料表面摊铺，并采用不大于 4t 的小型振动压路机或平板振动器振动有浆料的路表。

4 基体沥青混合料表面的开口空隙充满灌浆料、不再产生气泡且不形成漫流时，停止灌注。

5 灌注过程应连续稳定，从加水拌和至灌注施工完成的时间间隔应在 15min 以内。

6 对有坡度的路段，宜从低处向高处灌注。

条文说明

灌浆料的流动度检测不满足表5.2.1的要求时，先核查其拌和是否按照施工配合比执行。若已按施工配合比执行，对于流动度指标偏大的灌浆料，通过适当增加减水剂用量进行调整；对于流动度指标偏小的灌浆料，通过适当增加水泥、矿粉、砂等固体混合料进行调整。调整后流动度仍不满足表5.2.1的要求时，废弃现有灌浆料。为避免灌浆料因流动性损失影响灌注施工效果，本规程规定了从加水拌和至灌注施工完成的时间间隔要求。

6.4.7 厂拌法的拌和应符合下列规定：

1 灌浆料的拌和设备单次出料方量不宜低于1.5m³，称量系统偏差不超过1%。

2 灌浆料的拌和工艺流程应按图6.4.5执行。拌和时应先投放固体混合料并拌和不少于30s，再投放液体混合物拌和不少于90s。

3 拌和第一盘灌浆料时，应按比例加大固体混合料用量10%，并保持水胶比不变。

6.4.8 厂拌法的运输应符合下列规定：

1 灌浆料应使用混凝土搅拌罐车运输，装料前应将罐筒内的积水和黏附的混凝土清除干净。

2 运输过程中，罐车应以2～4r/min的转速转动。

6.4.9 厂拌法的灌注应符合下列规定：

1 灌浆料运至现场后，应先使罐车高速旋转不少于1min后再放料。

2 同本规程第6.4.6条第1款。

3 灌注时应通过溜槽使灌浆料尽可能接近基体沥青混合料表面倾倒。

4 同本规程第6.4.6条第3款。

5 同本规程第6.4.6条第4款。

6 灌注过程应尽量连续稳定，灌注施工时间应在30min以内。

7 同本规程第6.4.6条第6款。

6.4.10 稀浆封层机法的拌和应符合下列规定：

1 稀浆封层机应配备水箱、乳化沥青箱、添加剂箱、集料箱、水泥箱、填料箱，并具有精确计量系统可记录和显示各种材料用量，其生产能力宜不低于2 000kg/min。

2 灌浆料的拌和工艺流程应按图6.4.10执行。将水泥加入集料箱，将掺合料等固体材料按比例预先拌和加入填料箱，将固体外加剂加入添加剂箱，将水、液体外加剂按比例预先拌和后加入水箱。

3 添加聚合物改性剂时，应先将水、液体外加剂及聚合物改性剂拌和均匀后再加入水箱。

4 添加着色剂时，应先将着色剂及固体外加剂预先拌和均匀后再加入添加剂箱。

5 灌浆料为由成品灌浆材料配制时，将其加入集料箱。

6 将各种材料经过计量系统、液压泵、输送机及螺旋输料装置输送至搅拌箱内,充分拌和形成灌浆料。

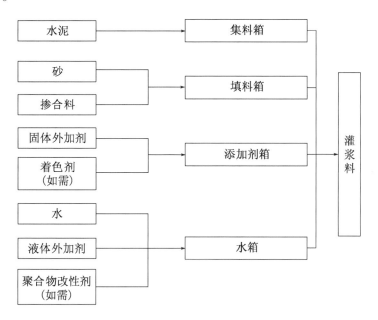

图 6.4.10 灌浆料拌和工艺流程图

6.4.11 稀浆封层机法的灌注应符合下列规定:

1 施工过程中,稀浆封层机的摊铺槽内应始终保持1/2高度的浆体,前后刮板紧挨地面。

2 同本规程第6.4.6条第1款。

3 摊铺速度应根据基体沥青混合料厚度、稀浆封层机的生产效率及灌注情况综合确定。摊铺速度一般为20~30m/min,若基体沥青混合料厚度大、稀浆封层机速度宜慢,反之速度宜快。

4 灌注的同时应采用不大于4t的小型振动压路机振动有浆料的路表。

5 一般情况下,灌注遍数不宜少于两遍,施工段落宜为200~300m。

6 同本规程第6.4.6条第4款。

7 同本规程第6.4.6条第6款。

条文说明

稀浆封层机摊铺速度过快会导致灌浆料灌注不饱满,速度过慢会导致灌浆料在基体沥青混合料表面漫流,所以要控制好摊铺速度以保证浆体在路面有足够的停留时间,以利于灌浆料渗透。

6.4.12 灌浆料灌注完毕后,应及时采用橡胶刮板将残余在沥青路面表面上的灌浆料清理。

6.4.13 对于路表面抗滑性能的处理,可在灌浆料初凝到终凝时段内采用粗毛刷垂直车辆行进方向扫刷;也可在灌浆料初凝前,在路表面喷洒缓凝剂,并在灌浆料终凝以前将表面的灌浆料冲洗干净。

6.4.14 若灌浆料终凝前有降雨,应及时采取防雨覆盖措施。

6.5 养护及开放交通

6.5.1 灌注式半柔性路面施工完毕后应及时养护,当施工气温低于30℃时,可直接露天自然养护;当气温不低于30℃时,宜使用塑料薄膜覆盖养护。

6.5.2 灌注式半柔性路面应在与灌浆料同条件的养护试块抗压强度大于5.0MPa后开放交通,并应在7d内严禁重载车辆通行。

条文说明

日本的大型货车行驶试验表明,灌浆料的抗压强度为2.8MPa时没有出现灌浆料脱落问题,行车部位和非行车部位的芯样弯曲强度无明显差别。日本室内加速试验和车辙试验表明,灌浆料的抗压强度超过5MPa时,半柔性路面材料的磨耗深度小于2mm,动稳定度大于6 000次/mm;抗压强度为3MPa时,灌浆料与沥青混合料会在加速磨耗试验和车辙试验后飞散。日本道路公团《半柔性面层施工要领》提出,灌浆料的抗压强度达到5.0MPa以上即可开放交通。国内实践表明,上述指标能够满足开放交通要求。

7 施工质量管理与检查验收

7.1 施工前的材料与设备检查

7.1.1 在工程开始前,应对各种原材料按本规程第 4 章的规定进行所有指标试验,并对材料数量、供应计划、材料场堆放及储存条件等进行检查,以确定料源。施工过程中材料来源或规格发生变化时,应对材料来源、材料质量等进行复检。

7.1.2 各种材料都应在进场前以"批"为单位,按表 7.1.2-1 及表 7.1.2-2 进行检查,不符合本规程技术要求的材料不得进场。

表 7.1.2-1 基体沥青混合料原材料进场前的检查项目与检查频率

材料类型	检查项目	检查频率
粗集料	外观(石料品种、含泥量等) 针片状颗粒含量 颗粒组成(筛分)	每批检测 1 次,当 1 批超过 500t 时每 500t 检测 1 次
粗集料	含水率 吸水率 密度 压碎值 洛杉矶磨耗值	必要时
细集料	颗粒组成(筛分) 砂当量 小于 0.075mm 含量	每批检测 1 次,当 1 批超过 500t 时每 500t 检测 1 次
细集料	密度 棱角性 含水率 亚甲蓝值 MBV	必要时
矿粉	外观 筛分 含水率	每批检测 1 次,当 1 批超过 50t 时每 50t 检测 1 次
矿粉	密度 亲水系数 塑性指数 加热安定性	必要时

续上表

材料类型	检查项目	检查频率
石油沥青	针入度 软化点 延度 老化性能	每批检测1次,当1批超过100t时每100t检测1次(老化性能每500t检测1次)
	密度 布氏旋转黏度 闪点 矿料黏附性	必要时
改性沥青	针入度 软化点 低温延度 老化性能	每批检测1次,当1批超过100t时每100t检测1次(老化性能每500t检测1次)
	离析试验(对成品沥青) 布氏旋转黏度 弹性恢复 闪点 矿料黏附性	必要时

注:"必要时"是指施工各方任何一个部门发现试验数据有异常波动而提出需要检查时,或是根据需要商定的检查频度。

表 7.1.2-2　灌浆料原材料进场前检查的项目与频率

材料类型	检查项目	检查频率
成品灌浆材料	流动度 干缩率 自由泌水率 强度	每批检测1次,当1批超过200t时每200t检测1次
水泥	强度 安定性 细度 凝结时间 水泥白度(白水泥)	每批检测1次,当1批超过200t时每200t检测1次
粉煤灰	活性指数 细度(45μm方孔筛筛余量) 烧失量 SO_3含量 需水量	每批检测1次,当1批超过200t时每200t检测1次
矿粉	级配 塑性指数	每批检测1次,当1批超过200t时每200t检测1次
	表观密度	必要时

续上表

材料类型	检查项目	检查频率
砂	级配	每批检测1次,当1批超过60t时每60t检测1次
	含泥量 硫化物及硫酸含量(折算为SO_3) 有机物含量(比色法) 云母含量	每批检测1次,当1批超过300t时每300t检测1次
外加剂	减水剂、早强剂：凝结时间之差 含固量(液体) 不溶物含量(粉体)	每批检测1次,当1批超过100t时每100t检测1次
	膨胀剂：细度 凝结时间 水中7d的限制膨胀率 7d抗压强度	每批检测1次,当1批超过200t时每200t检测1次
聚合物改性剂	总固物 pH值 黏度 表面张力	每批检测1次,当1批超过50t时每50t检测1次
着色剂	外观 着色率 耐光性	每批检测1次,当1批超过200t时每200t检测1次

注："必要时"是指施工各方任何一个部门发现试验数据有异常波动而提出需要检查时,或是根据需要商定的检查频度。

条文说明

《公路沥青路面施工技术规范》(JTG F40—2004)未明确原材料进场时检查频率"批"量的要求,导致"批"的确定过于随意。"批"的量过小,抽检频率太大,反之,抽检频率太小。本规程考虑各种材料的产能及质量状况等因素,对"批"的量进行了明确。

7.1.3 施工前应对各种施工机械和设备进行调试,对机械设备的配套情况、技术性能、传感器计量精度等进行检查、标定。

7.2 施工过程中质量管理与检查

7.2.1 道路灌注式半柔性路面施工过程中,应按表7.2.1规定的检查项目与频率对各种原材料进行抽样检测,保证其质量符合本规程规定的技术要求。

表 7.2.1　施工过程中材料稳定性检验项目与频率

材料类型	检查项目	检查频率
石油沥青	针入度	每7天1次
	软化点	每7天1次
	延度	每7天1次
改性沥青	针入度	每天1次
	软化点	每天1次
	离析试验(对成品沥青)	每7天1次
	低温延度	必要时
	弹性恢复	必要时
	显微镜观察(对现场改性沥青)	随时

注：1. 表内内容是在材料进场时已按"批"进行了检查的基础上,日常施工过程中质量检查的项目与要求。
　　2. "随时"是指需要经常检查的项目,其检查频度可根据材料来源及质量波动情况由业主及监理确定。"必要时"是指施工各方任何一个部门发现试验数据有异常波动而提出需要检查时,或是根据需要商定的检查频度。

条文说明

粗细集料、矿粉、水泥、粉煤灰等原材料进场后,受环境及时间等因素影响小,其质量基本稳定,所以施工过程中不进行抽检。

7.2.2　基体沥青混合料的质量控制应符合现行《公路沥青路面施工技术规范》(JTG F40)的相关规定。

7.2.3　基体沥青混合料铺筑过程应随时对铺筑质量进行评定,其质量要求或允许偏差除应符合表7.2.3的规定外,尚应符合现行《公路沥青路面施工技术规范》(JTG F40)的相关规定。

表 7.2.3　基体沥青混合料施工过程中质量控制标准

项　目	检查频度及单点检验评价方法	质量要求或允许偏差		试验方法
		高速公路、一级公路及城市快速路、主干路	其他等级公路及城市道路	
压实度	每2 000m² 检查1组,对逐个试件评定并计算平均值	试验室标准密度的98%		T 0924、T 0922
空隙率	每2 000m² 检查1组,对逐个试件评定并计算平均值	设计值±3%,合格率不小于90%	设计值±3%,合格率不小于90%	T 0708 T 0707中的真空密封法
渗水系数	每10 000m² 不少于5点	≥5 000mL/min		T 0971

注：空隙率试验方法的选用与配合比设计时一致。

条文说明

基体沥青混合料路面空隙率与渗水系数相关性很大,根据国内外工程经验及室内外试验结果,路面空隙率为20%左右时,沥青路面渗水系数可以达到5 000mL/min以上,因此,本规程将渗水试验技术要求规定为不小于5 000mL/min。

7.2.4 灌浆料施工过程中质量控制应符合表7.2.4的规定。

表7.2.4 灌浆料施工过程中质量控制标准

项 目		检查频度及单点检验评价方法	质量要求或允许偏差		试验方法
			高速公路、一级公路及城市快速路、主干路	其他等级公路及城市道路	
灌浆料外观		随时	无明显离析、泌水、分层等现象		目测
流动度	路拌法 砂浆搅拌机	连续生产20m³检查1次	符合本规程规定		T 0508
	路拌法 高速制浆机	连续生产60m³检查1次			
	厂拌法	连续生产90m³检查1次			
	稀浆封层机法	连续生产120m³检查1次			
7d抗压、抗折强度		每日检查1次	符合本规程规定		T 0506

7.2.5 灌注式半柔性路面施工过程中质量控制应符合表7.2.5的规定。

表7.2.5 灌注式半柔性路面施工过程中质量控制标准

项 目		检 查 频 度	质量要求或允许偏差		试验方法
			高速公路、一级公路及城市快速路、主干路	其他等级公路及城市道路	
外观		随时	表面平整密实,不得有明显轮迹、裂缝、推挤、油汀、油包等缺陷,且无明显离析		目测
灌注率	总量控制	每2 000m²	设计值		总量控制
	钻芯	每2 000m²检查1点,单点评定	设计值的-5.0%		本规程附录D
平整度	上面层	全线连续	1.2mm	2.5mm	T 0932
	中面层	全线连续	1.5mm	2.8mm	T 0933
	下面层	全线连续	1.8mm	3.0mm	T 0931

注:灌注率应采用总量控制法和钻芯法进行双控。

7.3 交工验收阶段的工程质量检查与验收

7.3.1 灌注式半柔性路面的交工检查与验收除应符合表7.3.1的规定外,尚应符合下列规定:

1 公路工程应符合现行《公路沥青路面施工技术规范》(JTG F40)的相关规定。

2 城市道路工程应符合现行《城镇道路工程施工与质量验收规范》(CJJ 1)的相关规定。

表 7.3.1 灌注式半柔性路面交工检查与验收质量标准

项 目		检查频度	质量要求或允许偏差		试验方法
			高速公路、一级公路及城市快速路、主干路	其他等级公路及城市道路	
灌注率	代表值	每 10 000m² 检查 1 组	设计值的 −5%		本规程附录 D
	极值(最小值)	每 10 000m² 检查 1 组	设计值的 −10%		

附录 A 沥青混合料连通空隙率试验方法

A.1 适用范围

本方法适用于测定沥青混合料的连通空隙率。

A.2 试验设备

A.2.1 浸水天平:量程 5kg 以上,精度小于 0.5g。

A.2.2 金属网篮:网孔 5mm,直径与高度均为 20cm。

A.2.3 溢流水箱:使用洁净水,有水位溢流装置,保持试件和网篮浸入水中后水箱内水位恒定;能调整水温至 25℃±0.5℃。

A.2.4 试件悬吊装置:为天平下方悬吊网篮及试件的装置,吊线应采用不吸水的细尼龙线绳,并有足够的长度。

A.2.5 游标卡尺:最大量程不小于 300mm,分度值 0.02mm。

A.2.6 电风扇。

A.3 方法与步骤

A.3.1 选择适宜的浸水天平或电子天平,最大称量应满足试件质量的要求。

A.3.2 除去试件表面的浮粒,称取干燥试件的空中质量 m_a,根据选择天平的感量读数,精确至 0.1g 或 0.5g。

A.3.3 用卡尺测取试件的直径与厚度,精确至 0.1mm。测直径时选取上下 2 个断面测定结果的平均值,厚度取 4 次十字对称测定的平均值,计算试件的体积 V。

A.3.4 将溢流水箱水温保持在25℃±0.5℃。挂上网篮,浸入溢流水箱中,调节水位,将天平调平并复零,把试件置于网篮中(注意不要晃动水),浸水中约3~5min,待天平稳定后,测定其水中质量m_w。

A.3.5 对从工程现场钻取的非干燥试件,可先称取水中质量m_w,然后用电风扇将试件吹干至恒重(一般不少于12h),再称取空中质量m_a。

A.4 试验结果计算

A.4.1 连通空隙率应按式(A.4.1-1)、式(A.4.1-2)计算:

$$V_m = \frac{m_a - m_w}{\rho_w} \qquad (A.4.1\text{-}1)$$

$$VV_c = \frac{V - V_m}{V} \times 100\% \qquad (A.4.1\text{-}2)$$

式中:V_m——混合料和封闭空隙的体积(cm³);
m_a——干燥试件的空中质量(g);
m_w——试件的水中质量(g);
ρ_w——25℃时水的密度(g/cm³),取0.9971g/cm³;
VV_c——连通空隙率(%);
V——试件的体积(cm³)。

A.4.2 试验结果应以一组试件的连通空隙率的平均值表示,精确至0.1%。

附录 B 灌浆料室内拌制方法

B.1 适用范围

本方法适用于室内试验时灌浆料的拌制。

B.2 试验设备

B.2.1 砂浆搅拌机:应符合《试验用砂浆搅拌机》(JG/T 3033)的规定。

B.2.2 高速搅拌机:由搅拌锅、搅拌叶片、传动机构和控制系统组成。搅拌叶片宜带有垂直齿的涡轮叶片;搅拌锅的材质为防锈金属材料或由带有耐蚀电镀层的金属材料制成,容积不应小于5L。高速搅拌机的转速可调节,至少设有高速、低速两挡,最大线速度不应低于15m/s。线速度范围2.5~20.0m/s,其中2.5~5.0m/s为低速挡、15.0~20.0m/s为高速挡。

B.2.3 台秤:量程20kg以上,精度小于1g。

B.3 方法与步骤

B.3.1 成品灌浆料应按下列规定拌制:
1 按配合比称取相应质量的成品灌浆料及水。
2 润湿砂浆搅拌机或高速搅拌机。
3 加入成品灌浆材料,再加入2/3的用水量拌和,砂浆搅拌机拌和不少于2min,高速搅拌机采用低速挡拌和不少于30s。
4 加入剩余水量拌和,砂浆搅拌机拌和不少于3min,高速搅拌机采用高速挡拌和不少于2min。

B.3.2 现场灌浆料应按下列规定拌制:
1 按配合比各材料比例称取相应质量的固体混合料及液体混合物。
2 润湿砂浆搅拌机或高速搅拌机。

3 加入固体混合料拌和,砂浆搅拌机拌和不少于1min,高速搅拌机采用低速挡拌和不少于30s。

4 加入液体混合物拌和,砂浆搅拌机拌和不少于4min,高速搅拌机采用高速挡拌和不少于2min。当添加聚合物改性剂时,应将拌和时间延长30s。

附录 C 灌注式半柔性路面材料试件制作方法

C.1 适用范围

本方法适用于室内灌注式半柔性路面材料的马歇尔试件及车辙试件的制作。

C.2 试验设备

C.2.1 塑料胶带或橡皮泥。

C.2.2 橡皮刮刀。

C.2.3 振动台:应符合《混凝土试验用振动台》(JG/T 245)的规定。

C.2.4 标准养护室。

C.3 方法与步骤

C.3.1 按现行《公路工程沥青及沥青混合料试验规程》(JTG E20)T 0702 的方法成型基体沥青混合料马歇尔试件或车辙试件。

C.3.2 对于马歇尔试件,冷却至室温后用塑料胶带或橡皮泥将侧面及底面封死,直立放置于平整的试验台面。对于车辙试件,在不脱模的情况下冷却至室温。

C.3.3 将制作好的灌浆料倒入试件表面,依靠灌浆料的自重作用流入基体沥青混合料的骨架空隙中,必要时用振动台辅助振动,直至完全无法渗透为止。

C.3.4 用橡皮刮刀刮平、刮除试件顶面多余的灌浆料,直至表面露出粗集料为止,试模外部用抹布擦干净。

C.3.5 将灌浆完毕的试件在温度 20℃±2℃、相对湿度>95% 的条件下养护至规定的时间。

附录 D 灌注式半柔性路面材料灌注率试验方法

D.1 适用范围

本方法适用于测定室内及现场灌注式半柔性路面材料的灌注率。

D.2 方法与步骤

D.2.1 测定室内灌注率应符合下列规定：

1 按现行《公路工程沥青及沥青混合料试验规程》(JTG E20) T 0702 的方法在室内成型 1 组基体沥青混合料试件，1 组试件宜为 4~6 个。

2 按本规程附录 A 测定基体沥青混合料灌浆前的连通空隙率 VV_c。

3 用电风扇将上述马歇尔试件试件吹干至恒重。

4 按本规程附录 C 制作灌注式半柔性路面材料马歇尔试件。

5 按本规程附录 A 测定灌浆后马歇尔试件的连通空隙率 VV'_c。

D.2.2 测定现场灌注率应符合下列规定：

1 按现行《公路工程沥青及沥青混合料试验规程》(JTG E20) T 0710 的方法钻取 1 组基体沥青混合料芯样，1 组试件宜为 4~6 个。

2 按本规程附录 A 测定灌浆前的连通空隙率 VV_c。

3 按现行《公路工程沥青及沥青混合料试验规程》(JTG E20) T 0710 的方法对灌浆后养护 3d 以上的路面进行取样，取样位置应在每个基体沥青混合料芯样取样位置附近。

4 按本规程附录 A 测定灌浆后芯样的连通空隙率 VV'_c。

D.3 试验结果计算

D.3.1 灌注率应按式(D.3.1)计算：

$$P_r = \frac{VV_c - VV'_c}{VV_c} \times 100\% \tag{D.3.1}$$

式中：P_r——灌注率(%)；

VV_c——灌浆前的连通空隙率(%);
VV'_c——灌浆后的连通空隙率(%)。

D.3.2 试验结果应以1组试件的灌注率的平均值表示,精确至0.1%。

本规程用词用语说明

1 本规程执行严格程度的用词,采用下列写法:

1)表示很严格,非这样做不可的用词,正面词采用"必须",反面词采用"严禁";

2)表示严格,在正常情况下均应这样做的用词,正面词采用"应",反面词采用"不应"或"不得";

3)表示允许稍有选择,在条件许可时首先应这样做的用词,正面词采用"宜",反面词采用"不宜";

4)表示稍有选择,在一定条件下可以这样做的用词,采用"可"。

2 引用标准的用语采用下列写法:

1)在标准总则中表述与相关标准的关系时,采用"除应符合本规程的规定外,尚应符合国家和行业现行有关标准的规定";

2)在标准条文及其他规定中,当引用的标准为国家标准和行业标准时,表述为"应符合《××××××》(×××)的有关规定";

3)当引用本规程中的其他规定时,表述为"应符合本规程第×章的有关规定"、"应符合本规程第×.×节的有关规定"、"应符合本规程第×.×.×条的有关规定"或"应按本规程第×.×.×条的有关规定执行"。